THÈSES

PRÉSENTÉES

A LA FACULTÉ DES SCIENCES DE PARIS

POUR OBTENIR

LE GRADE DE DOCTEUR ÈS SCIENCES PHYSIQUES,

PAR **M. C. MICULESCU.**

1re THÈSE. — SUR LA DÉTERMINATION DE L'ÉQUIVALENT MÉCANIQUE DE LA CALORIE.
2e THÈSE. — PROPOSITIONS DONNÉES PAR LA FACULTÉ.

Soutenues le   1891, devant la Commission d'examen.

MM. FRIEDEL, *Président.*
LIPPMANN,
BOUTY,   } *Examinateurs.*

PARIS,

GAUTHIER-VILLARS ET FILS, IMPRIMEURS-LIBRAIRES
DU BUREAU DES LONGITUDES, DE L'ÉCOLE POLYTECHNIQUE,
Quai des Grands-Augustins, 55.

1891

THÈSES

PRÉSENTÉES

A LA FACULTÉ DES SCIENCES DE PARIS

POUR OBTENIR

LE GRADE DE DOCTEUR ÈS SCIENCES PHYSIQUES,

Par M. C. MICULESCU.

1re THÈSE. — SUR LA DÉTERMINATION DE L'ÉQUIVALENT MÉCANIQUE DE LA CALORIE.

2e THÈSE. — PROPOSITIONS DONNÉES PAR LA FACULTÉ.

Soutenues le 1891, devant la Commission d'examen.

MM. FRIEDEL, *Président.*
LIPPMANN,
BOUTY,   *Examinateurs.*

PARIS,

GAUTHIER-VILLARS ET FILS, IMPRIMEURS-LIBRAIRES
DU BUREAU DES LONGITUDES, DE L'ÉCOLE POLYTECHNIQUE,
Quai des Grands-Augustins, 55.

1891

ACADÉMIE DE PARIS.

FACULTÉ DES SCIENCES DE PARIS.

MM.

DOYEN..............................	DARBOUX, Professeur......	Géométrie supérieure.
PROFESSEURS HONORAIRES	PASTEUR. DUCHARTRE.	
PROFESSEURS................	DE LACAZE-DUTHIERS....	Zoologie. Anatomie, Physiologie comparée.
	HERMITE..................	Algèbre supérieure.
	TROOST....................	Chimie.
	FRIEDEL..................	Chimie organique.
	O. BONNET................	Astronomie.
	TISSERAND................	Astronomie.
	LIPPMANN.................	Physique.
	HAUTEFEUILLE............	Minéralogie.
	BOUTY....................	Physique.
	APPELL...................	Mécanique rationnelle.
	DUCLAUX.................	Chimie biologique.
	BOUSSINESQ..............	Mécanique physique et expérimentale.
	PICARD...................	Calcul différentiel et Calcul intégral.
	POINCARÉ.................	Calcul des probabilités, Physique mathématique.
	Yves DELAGE..............	Zoologie, Anatomie, Physiologie comparée.
	BONNIER.................	Botanique.
	DASTRE..................	Physiologie.
	DITTE...................	Chimie.
	MUNIER-CHALMAS........	Géologie.
PROFESSEURS ADJOINTS....	WOLF.................	Physique céleste.
	CHATIN.................	Zoologie, Anatomie, Physiologie comparée.
	JOLY...................	Chimie.
SECRÉTAIRE..................	PHILIPPON.	

17672   Paris. — Imprimerie GAUTHIER-VILLARS ET FILS, quai des Grands-Augustins, 55.

A

Monsieur LIPPMANN,

MEMBRE DE L'INSTITUT.

Hommage respectueux de reconnaissance.

G. MICULESCU

PREMIÈRE THÈSE.

SUR LA DÉTERMINATION

DE

L'ÉQUIVALENT MÉCANIQUE

DE

LA CALORIE.

INTRODUCTION.

On considérait autrefois comme perdu tout travail absorbé par le frottement; d'autre part, la chaleur, étant considérée comme une matière particulière, devait obéir au principe de la conservation de la matière. On ne pouvait pas concevoir, par suite, la transformation du travail en chaleur ou inversement.

Bien qu'imbu de cette théorie de la matérialité de la chaleur, Séguin sentit le besoin de confirmer ses idées par l'expérience; malheureusement, les expériences qu'il entreprit sur les machines à vapeur, pour s'assurer si le condenseur recevait bien autant de chaleur que la vapeur en prélevait à la chaudière, ne réussirent pas.

Il faut arriver en 1798 pour voir exprimer une corrélation possible entre la chaleur et le travail. Voici les paroles mêmes de Benjamin Thomson comte de Rumford (¹) :

(¹) RUMFORD, *Transactions philosophiques* (*voir* t. XVIII, p. 283 de *l'Abrégé des Transactions*, 1798).

« En surveillant dernièrement le forage des canons dans les ateliers de l'arsenal militaire de Munich, j'ai été frappé de l'énorme degré de chaleur qu'acquiert en peu de temps un canon de laiton, pendant qu'on le perce, et de la chaleur bien plus intense des éclats métalliques séparés par le perçoir (chaleur beaucoup plus grande que celle de l'eau bouillante, comme je l'ai trouvé par l'expérience).

» Plus j'ai réfléchi sur ces phénomènes, plus ils me paraissent curieux et intéressants. Une étude complète de ces phénomènes semble promettre de jeter une lumière nouvelle sur la nature intime de la chaleur, et de nous donner le moyen de faire quelques conjectures raisonnables sur l'existence ou la non-existence d'un fluide calorique, question sur laquelle les opinions des philosophes ont été de tout temps très divisées. »

Pour expliquer ce dégagement de chaleur, on mit en avant que la limaille devait avoir une capacité calorifique inférieure à celle du bloc métallique. Rumford fit alors tourner un cylindre poli sur le fond d'un autre cylindre creux de fer; il réussit à faire bouillir une masse d'eau de plus de dix litres après un temps de deux heures et demie, sans qu'il y eût formation d'une quantité sensible de limaille.

« Il serait, dit Rumford, difficile de décrire la surprise et l'étonnement exprimés par les témoins oculaires en voyant une si grande quantité d'eau froide s'échauffer et entrer en ébullition sans feu ».

Les expériences de Rumford ne furent pourtant guère remarquées; les esprits étaient trop prévenus par la théorie de la matérialité du calorique pour leur accorder immédiatement l'attention qu'elles méritaient.

Les expériences que Davy (¹) commença une année plus tard eurent le même sort, bien qu'elles démontrassent

---

(¹) DAVY, *Element of chemical Phylosophy*, p. 94.

de la façon la plus nette que le frottement dégage de la chaleur, alors même que les corps qui prennent naissance ont une capacité calorifique plus grande que les corps frottés. Il faisait, en effet, frotter l'un contre l'autre deux morceaux de glace et il en observait la fusion, quoique la chaleur spécifique de l'eau fût à peu près le double de celle de la glace, et sachant que la glace exige qu'on lui ajoute une certaine quantité de chaleur pour la convertir en eau. Davy conclut quelques années plus tard de ces expériences que la chaleur, au lieu d'être une matière spéciale, pourrait bien être un mode particulier de mouvement consistant par exemple en vibrations des particules du corps. Voici, en effet, ce qu'écrivit Davy en 1812 :

« La cause immédiate du phénomène de la chaleur est un mouvement, et les lois de sa transmission sont exactement les mêmes que celles de la transmission du mouvement. »

La question resta pendante de 1812 à 1842; mais, à partir de cette époque, les expériences se multiplièrent et le principe de l'équivalence fut définitivement établi, grâce aux efforts de Colding, Mayer et Joule.

On peut énoncer ce principe sous la forme suivante :

La chaleur peut être transformée en travail mécanique ou réciproquement. Il existe toujours un même rapport entre la quantité de la chaleur produite ou détruite et le travail détruit ou produit.

Pour justifier ce principe par l'expérience, il faut mesurer d'une part un travail T, et d'autre part la quantité de chaleur Q qui résulte de sa dépense intégrale et former le rapport

$$\frac{T}{Q}.$$

On doit toujours trouver une même valeur J pour ce

rapport, quel que soit le noyau par lequel la transformation ait été opérée, ou, tout au moins, étant données les
erreurs propres à certaines expériences des nombres de
même ordre.

Tout phénomène par lequel du travail peut être transformé en chaleur peut donc servir à la détermination de
J. Certains d'entre eux serviront plus particulièrement à
la détermination précise de J, que l'on nomme équivalent
mécanique de la calorie, à cause des conditions plus avan-
tageuses qu'ils présentent au point de vue des mesures.

Les expériences réalisées jusqu'ici peuvent être classées
en deux groupes : les unes sont directes, c'est-à-dire que
l'on mesure alors uniquement le travail et la chaleur correspondante; les autres sont indirectes, c'est-à-dire que
l'on mesure des grandeurs physiques liées à J par des relations connues établies en Thermodynamique ou en Élec-
tricité et par lesquelles on calcule ensuite la valeur de J.

On pourra, inversement, transformer en travail une
quantité connue de chaleur; l'opération est alors plus difficile à réaliser, et on ne connaît sur ce sujet que les expériences classiques de Hirn sur les machines à vapeur de
l'usine de Logelbach.

Le Tableau suivant montre l'ordre chronologique des
déterminations, et les méthodes très variées qui ont été
employées.

TABLEAU I.

I. — *Méthodes directes.*

Date.	Observateur.	Méthode particulière.	Résultat.
1843	Joule [1].	Frottement de l'eau dans les tubes.	424,6
»	Joule [1].	Échauffement produit par les cou- rants magnéto-électriques	460
»	Joule [1].	Diminution de la chaleur dégagée dans une pile quand le courant produit du travail............	442,2

[1] JOULE, *Phil. Mag.*, 3ᵉ série, t. XXIII.

Date.	Observateur.	Méthode particulière.	Résultat.
1843	Joule [1].	Compression de l'air	443,8
»	Joule [1].	Expansion de l'air	437,8
»	Joule [1].	Frottement de l'eau dans un calorimètre	488,3
1847	Joule [2].	Frottement de l'eau dans un calorimètre	428,9
1850	Joule [2].	Frottement de l'eau dans un calorimètre	423,9
»	Joule [2].	Frottement du mercure dans un calorimètre	424,7
»	Joule [3].	Frottement des plaques de fer dans un calorimètre	425,2
1857	Favre [4].	Diminution de la chaleur dégagée dans une pile quand le courant produit du travail	426-464
»	Hirn [5].	Frottement des métaux	371,6
1858	Hirn [5].	Frottement des métaux	400-450
»	Favre [6].	Frottement des métaux dans un calorimètre à mercure	413,2
»	Hirn [5].	Forage des métaux	425
1860-61	Hirn [5].	Eau dans la balance de frottement.	432
»	Hirn [5].	Écoulement des liquides sous une forte pression	433
»	Hirn [5].	Écrouissage du plomb	425
»	Hirn [5].	Frottement de l'eau entre deux cylindres	432
»	Hirn [5].	Expansion de l'air	440
»	Hirn [5].	Machines à vapeur	420-432
1865	Edlund [7].	Expansion et contraction des métaux	428,3-443,6
1870	Violle [8].	Échauffement d'un disque entre les pôles d'un aimant	435

[1] Joule, *Phil. Mag.*, 3ᵉ série, t. XXVI.
[2] » » t. XXVII.
[3] » *Phil. Transactions*, p. 61; 1850.
[4] Favre, *Comptes rendus*, t. XLV, p. 56.
[5] Hirn, *Théorie mécanique de la chaleur*, 3ᵉ édition.
[6] Favre, *Comptes rendus*, t. XLVII, p. 337.
[7] Edlund, *Pogg. Ann.*, t. CXIV.
[8] Violle, *Annales de Chimie et de Physique*, t. XXI.

Date.	Observateur.	Méthode particulière.	Résultat.
1875	Puluj [1].	Frottement des métaux	425,2-426,6
1878	Joule [2].	Frottement de l'eau dans un calorimètre	423,9
1879	Rowland [3].	Frottement de l'eau dans un calorimètre	429,7-425,8
1891	D'Arsonval [4].	Échauffement d'un cylindre dans un champ magnétique........	421-427

TABLEAU I (suite).

II. — Méthodes indirectes.

Date.	Observateur.	Méthode particulière.	Résultat.
1842	Mayer [5].	Par la relation $J = \dfrac{p_0 v_0 \alpha}{C - c}$ des gaz.	365
1857	Quintus Icilius [6]. Weber [7].	Chaleur développée dans un fil, dont la résistance absolue est connue......................	399,7
»	Weber.	Chaleur due aux courants électriques; équivalent électro-chimique de l'eau $= 0{,}009376$.	432,1
»	Favre. Silbermann.	Développement de la chaleur, par l'action du zinc sur le sulfate de cuivre....................	432,1
»	Bosscha [8].	Mesure de la force électromotrice de la pile Daniell d'après la mesure absolue $= 10257.10^7$..	432,1
1859	Joule.	Chaleur développée dans la pile Daniell......................	419,5
»	Bosscha.	Force électromotrice de l'élément Daniell....................	419,5

[1] Puluj, *Sitzungsberichte der kaiserlichen Academie der Wissenschaften in Wien*, mars, p. 667, juin, p. 53; 1875.

[2] Joule, *Philosophical Transactions*, p. 365; 1878.

[3] Rowland, *Proceedings of the American Academy of Arts and Sciences*, p. 75; 1879-80.

[4] D'Arsonval, *Lumière électrique*, mars 1891.

[5] Mayer, *Liebig's Annalen*, t. XLII.

[6] Quintus Icilius, *Pogg. Ann.*, t. CI, p. 69.

[7] Weber, *Phil. Mag.*, 4° série, t. XXX.

[8] Bosscha, *Pogg. Ann.*, t. CXVIII, p. 162.

Date	Observateur.	Méthode particulière.	Résultat.
1859	Lenz-Weber.	Chaleur développée dans un fil dont la résistance absolue est connue....................	396,4-478,2
1867	Joule ([1]).	Chaleur développée dans un fil dont la résistance absolue est connue....................	429,5
1878	Weber.	Chaleur développée dans un fil dont la résistance absolue est connue....................	428,15
1888	Perot ([2]).	Par la relation $L = \dfrac{T}{E}(u' - u)\dfrac{dp}{dt}$.	424,63
1889	Dieterici ([3]).	Chaleur due aux courants électriques....................	432,5

MÉTHODES DIRECTES.

Les premières expériences précises sont dues à Joule et ont été publiées en 1850 ([4]).

Son appareil se composait d'un axe vertical muni de palettes, mis en rotation par la chute de deux poids symétriquement placés par rapport à l'axe et guidés dans leurs mouvements par deux poulies; une portion de la corde à laquelle ils étaient attachés s'enroulait sur la partie supérieure de l'axe; l'enroulement était en sens contraire pour les deux poids, afin qu'ils ajoutassent l'effet de leur chute. La partie de l'axe qui portait les palettes plongeait à l'intérieur du calorimètre qui recevait un liquide quelconque, eau, mercure, etc., et la paroi intérieure du calorimètre portait des vannes disposées de façon à permettre entre elles exactement le passage des palettes; par ce moyen, on évitait le mouvement de rotation du liquide calorimétrique.

([1]) JOULE, *Report of the Committee of electrical standards of the B. A.*, p. 175; 1873.

([2]) PEROT, *Journal de Physique*, 2ᵉ série, t. VII, p. 129.

([3]) DIETERICI, *Annalen der Physik und Chemie*, t. XXXIII, p. 417.

([4]) JOULE, *Philosophical Transactions*, p. 61; 1850.

Joule faisait alors tomber vingt fois les poids et mesurait à la fin de l'expérience l'élévation de température du calorimètre au moyen du thermomètre à mercure.

Le travail dépensé à l'intérieur du calorimètre est inférieur à celui que l'on obtiendrait en multipliant les poids par leur course totale, car les poids possèdent encore une partie de leur force vive en touchant le sol; d'autre part, la raideur des cordes, le frottement de l'axe sur le pivot, les poulies, absorbent une partie du travail. Des corrections étaient donc nécessaires pour avoir la valeur exacte du travail dépensé dans le calorimètre; elles ont été faites par Joule à $\frac{1}{100}$ près de la valeur totale du travail.

Remarquons aussi que, pour avoir un échauffement sensible du calorimètre, il fallait répéter vingt fois la chute des poids : ainsi l'expérience durait pendant trente-cinq minutes. L'équation calorimétrique de l'expérience exige la connaissance de la chaleur spécifique du cuivre qui constitue le calorimètre; or Joule prit pour la chaleur spécifique le nombre donné par Regnault comme moyenne entre 20° et 80°, qui est 0,09515 : or, si nous prenons celui que donne la formule générale de Bède ([1])

$$c = 0,0892 + 0,000065\,t,$$

la quantité de chaleur dégagée subit une correction de $\frac{22}{10000}$ de sa valeur.

Si enfin on veut rapporter les résultats de Joule au thermomètre à air, une nouvelle correction est nécessaire.

En 1878 ([2]), Joule fit une nouvelle série d'expériences par la même méthode. Cette fois, le travail était obtenu

([1]) BÈDE, *Mémoires couronnés de l'Académie de Bruxelles*, t. XXVII, p. 1.

([2]) JOULE, *Philosophical Transactions*, p. 365; 1878.

en faisant tourner à la main un système de deux volants symétriquement placés par rapport au calorimètre, qui repose sur un flotteur ; de cette manière, le frottement de l'axe contre le couvercle du calorimètre est diminué. Le travail était mesuré par une méthode analogue à celle du frein de Prony. A cet effet, un fil est enroulé autour de la partie supérieure du calorimètre ; ses extrémités, passant sur deux poulies, portent chacune un plateau de balance, qu'on charge de poids de façon à maintenir le calorimètre en équilibre pendant la rotation de l'axe. Si l est la longueur du bras du levier, P le poids de charge, le travail dépensé dans le calorimètre pour n tours est

$$T = 2\pi n l P.$$

Dans ces expériences, le débit en travail est encore faible ; la température était mesurée toujours à la fin de l'expérience par un thermomètre à mercure, et la connaissance de la capacité calorifique du calorimètre était nécessaire.

Les résultats des expériences de Joule sont donnés dans le Tableau II.

Rowland ([1]), considérant que Joule n'avait déterminé que d'une manière approximative la capacité calorifique de son appareil et qu'il ne mesurait la température qu'à la fin de son expérience, et cela avec un thermomètre à mercure non comparé au thermomètre à air, reprit la détermination de l'équivalent mécanique de la calorie par la même méthode. L'axe à palettes pénètre par la partie inférieure dans le calorimètre suspendu à un fil de torsion. Le travail est fourni par un moteur à pétrole et mesuré comme précédemment. Le nombre de tours effectué par l'axe était inscrit sur un chronographe, réglé de fa-

---

([1]) ROWLAND, *Proceedings of the American Academy of Arts and Sciences*, p. 75 ; 1879-80.

M. 2

çon à faire un tour alors que l'axe en faisait 102. Plusieurs thermomètres à mercure, comparés préalablement au thermomètre à air, restaient à l'intérieur du calorimètre pendant la durée de l'expérience.

En observant, d'une part, les températures successives indiquées par les thermomètres pendant l'expérience et en marquant au même instant sur le chronographe la position correspondante de l'inscripteur, on avait une série d'expériences sans arrêter la marche du moteur ; de cette manière, il trouvait des valeurs pour J correspondant à chaque température.

Ces valeurs sont les suivantes :

Température.	5°.	10°.	15°.	20°.	25°.	29°.	30°.	36°.
Valeur de J.	429,8	428,5	427,4	426,4	425,8	425,5	425,6	425,8

Il faut remarquer que les nombres trouvés par Rowland vont en diminuant à mesure que la température du calorimètre s'élève ; il explique cette diminution par la variation de la chaleur spécifique de l'eau avec la température.

Joule [1] a comparé le thermomètre qui lui a servi à ses expériences avec le thermomètre n° 6166 de Rowland, qui, à son tour, était comparé au thermomètre à air.

Rowland [2], pour comparer ses valeurs avec celles de Joule, fit alors leurs réductions avec le thermomètre à air, ce que nous montre le Tableau suivant :

---

[1] *Proceedings of the American Academy of Arts and Sciences,* 2ᵉ série, t. XVI, p. 38; 1880-81.

[2] *Loc. cit.*

TABLEAU II.

Date.	Méthode.	Température de l'eau.	J, valeur de Joule.	Les valeurs de Joule réduites au thermomètre à air et latitude Baltimore.		J, valeur de Rowland.	Différence.
				Système anglais.	Système métrique.		
1847.	Frottement de l'eau..	15°	781,5	787,0	442,8	427,4	+ 15,4
1850.	» » ..	14	772,7	778,0	426,8	427,7	— 0,9
»	Frott. du mercure...	9	772,8	779,2	427,5	428,8	— 1,3
»	» » ...	9	775,4	781,4	428,7	428,8	— 0,1
»	» du fer........	9	776,0	782,2	429,1	428,8	+ 0,3
»	» »	9	773,9	780,2	428,0	428,8	— 0,8
1867.	Courant électrique...	18,6	»	»	428,0	426,7	+ 1,3
1878.	Frottement de l'eau..	14,7	772,7	776,1	425,8	427,6	— 1,8
»	» » ..	12,7	774,6	778,5	427,1	428,0	— 0,9
»	» » ..	15,7	773,1	776,4	426,0	427,3	— 1,3
»	» » ..	14,7	767,0	770,5	422,7	427,5	— 4,8
»	» » ..	17,3	774,0	777,0	426,3	426,9	— 0,6

La moyenne des valeurs de J données par Joule, dans ce Tableau, rapportées au thermomètre à air et à la latitude de Baltimore, est de 426,9, et, pour la réduire à la latitude de Paris, il faut retrancher 0,4; donc elle deviendra 426,5.

Le premier nombre, 442,8, est exclu de cette moyenne, car il ne peut être qu'une erreur de transformation du calcul de Rowland.

En 1875, Puluj (¹) avait fait, d'une manière moins précise, des expériences sur la détermination de J, en utilisant la chaleur résultant du frottement de deux pièces tronconiques en fonte, emboîtées l'une dans l'autre. Le

---

(¹) Puluj, *Sitzungsberichte der kaiserlichen Academie der Wissenschaften in Wien*, mars, p. 667, juin, p. 53; 1875.

cône extérieur recevait un mouvement rapide de rotation au moyen d'un engrenage à manivelles ; le cône intérieur est maintenu fixe par le frein : il est rempli de mercure et sert en même temps de calorimètre.

Puluj a fait deux séries d'expériences qui lui ont respectivement fourni comme moyenne 525,2 et 426,6.

Hirn ([1]), de son côté, a effectué un grand nombre de déterminations de J par des méthodes extrêmement variées et parfois sans connaître les travaux de ses devanciers. Il avait surtout pour but d'établir nettement, sur une base expérimentale, l'existence de l'équivalent mécanique de la calorie, c'est-à-dire la constance du rapport $\frac{T}{Q}$ déterminé en cycle fermé, quelle que soit la nature de ce cycle.

Nous signalerons seulement la méthode de l'*écrasement du plomb* et les expériences faites directement sur *les machines à vapeur* industrielles, ayant pour but de montrer qu'inversement de la chaleur se transforme en travail suivant la même loi d'équivalence.

Dans le premier cas, un cylindre de plomb de 2^{kg} à 3^{kg} était suspendu à une potence entre un bloc de fer et un bélier en fer. Le bélier soulevé retombait sur le cylindre de plomb qu'il écrasait contre l'enclume de grès. En tenant compte des déplacements des différentes parties de l'appareil, on calcule le travail dépensé sur le plomb.

La quantité de chaleur dégagée se mesurait en mettant dans un canal pratiqué dans le plomb de l'eau et un thermomètre et en tenant compte du refroidissement.

Hirn trouve, comme résultat, la valeur de 425 pour J.

Dans les expériences sur les machines à vapeur, Hirn rencontra beaucoup de difficultés, et les nombres trouvés sont seulement de l'ordre de J.

([1]) HIRN, *Théorie mécanique de la chaleur*, 3ᵉ édition, et *Recherches sur l'équivalent mécanique de la chaleur;* 1858.

Il fallait mesurer la chaleur cédée par la chaudière à chaque coup de piston, ce qui exigeait la connaissance du poids de vapeur admis dans le cylindre par coup de piston, et encore fallait-il tenir compte de la surchauffe de la vapeur, dans le cas où celle-ci est sèche, ou de la partie de l'eau en poussière qui mouille la vapeur si celle-ci est admise dans le cylindre; mesurer aussi la chaleur totale que possède l'eau en quittant la machine, et le travail total externe produit. Chaque expérience durait douze heures environ, pendant lesquelles la pression était maintenue constante autant que possible.

Hirn trouve aussi des nombres très variés, compris entre 310 et 453, ce qui est un résultat fort rapproché si l'on considère les difficultés des mesures et l'impossibilité de tenir compte de toutes les corrections.

Indiquons encore le principe de quelques méthodes directes qui ont été réalisées.

Joule ([1]), le premier, mit à profit le courant induit dans une masse métallique en mouvement dans un champ magnétique; il faisait tourner un cylindre en cuivre contenant de l'eau entre les branches d'un électro-aimant, mesurait la chaleur dégagée et le travail dépensé; il trouva comme moyenne 460.

M. d'Arsonval ([2]), afin d'éviter les pertes de chaleur par rayonnement, fait tourner une bobine en navette suivant l'axe d'un calorimètre annulaire en ébonite, dans lequel un tube de cuivre est suspendu par un fil de torsion, servant à la mesure du travail.

Quant à la quantité de chaleur, elle est mesurée par la méthode dite à température constante.

Les nombres trouvés sont compris entre 421 et 427.

Une autre méthode indiquée par Joule ([3]) a été employée

([1]) Joule, *Phil. Mag.*, 3ᵉ série, t. XXIII.
([2]) D'Arsonval, *Lumière électrique,* mars 1891.
([3]) Joule, *Phil. Mag.*, 3ᵉ série, t. XXIII.

par lui en 1843 et par Favre ([1]) en 1857; elle consiste à mesurer la variation de la quantité de chaleur dégagée par une pile, lorsque son circuit renferme un moteur qui fournit ou non du travail.

Joule trouve 442 et Favre 443.

MÉTHODES INDIRECTES.

Dans toutes les méthodes qui précèdent, la double mesure à effectuer était toujours celle d'un travail et celle d'une quantité de chaleur.

D'autres méthodes ont été employées où les quantités à mesurer sont d'une autre nature.

Quand un courant d'intensité i traverse un fil de résistance r pendant un temps t, le fil s'échauffe, et la quantité de chaleur dégagée est donnée par la formule établie par Joule

$$Q = \frac{1}{j} i^2 r t.$$

Cette méthode a servi à beaucoup d'expérimentateurs pour calculer la valeur de J, toutes les autres quantités étant mesurées au préalable.

Quintus Icilius ([2]) et Weber ([3]) ont trouvé par cette méthode 399,7 et Dieterici ([4]) 432,5.

La formule

$$J = \frac{\alpha p_0 v_0}{C - c},$$

qui lie les deux chaleurs spécifiques, le volume spécifique sous une pression donnée à zéro et le coefficient de dilatation d'un gaz à J, servit pour la première fois à Meyer ([5]), en 1842, à calculer J en se servant des nombres donnés pour

([1]) FAVRE, *Comp. rendus de l'Acad. des Sciences*, t. XLVII, p. 337.
([2]) Q. ICILIUS, *Pogg. Ann.*, t. LXI, p. 69.
([3]) WEBER, *Phil. Mag.*, 4ᵉ série, t. XXX.
([4]) DIETERICI, *Annalen der Physik und Chemie*, t. XXXIII, p. 417.
([5]) MEYER, *Liebig's Annalen*, t. XLII.

la chaleur spécifique de l'air par Delaroche et Bérard; il trouva 365.

Le même calcul, effectué au moyen des données expérimentales de Regnault, fournit pour la valeur de J le nombre 424,2.

M. Perot ([1]) se sert de la formule

$$L = \frac{1}{J} \, T(u' - u) \frac{dp}{dt}.$$

Il mesure toutes les autres quantités en opérant sur un seul échantillon de corps qui est l'éther, et trouve le nombre 424,63.

De telles méthodes ont plutôt pour but de légitimer expérimentalement en quelque sorte les raisonnements au moyen desquels on établit des relations théoriques entre diverses grandeurs, que de déterminer avec une haute précision la valeur de l'équivalent mécanique de la calorie, dont les meilleures méthodes de détermination sont celles qui ont recours à l'expérience directe.

C'est une de ces méthodes qui fait l'objet de mon travail.

PRINCIPE DE LA MÉTHODE EMPLOYÉE.

J'ai cherché à réaliser la mesure du travail et celle de la chaleur par des *méthodes de zéro*, tout en augmentant les valeurs absolues des quantités mesurées.

Dans la méthode de Joule, en effet, le travail mis en jeu était fort petit; il en était de même, forcément, pour la quantité de chaleur dégagée. Pour pouvoir mesurer cette dernière avec quelque précision dans la lecture du thermomètre, il fallait donc faire durer l'expérience pendant un temps assez long et répéter vingt fois la chute du poids moteur, ce qui entraînerait, pour l'expérience, une durée totale de trente-cinq minutes. Les corrections dues au re-

---

([1]) PEROT, *Journal de Physique*, 2ᵉ série, t. VII, p.139.

froidissement, qui est proportionnel au temps, prenaient, dès lors, une importance énorme.

J'évite cet inconvénient en réduisant à quelques minutes la durée de la mesure; je puis néanmoins augmenter la précision des mesures en opérant : 1° avec une force motrice considérable (un cheval-vapeur); 2° avec des appareils thermométriques d'une grande sensibilité, employés concurremment avec une méthode calorimétrique exempte de corrections.

Pour mesurer le travail, je suspends le moteur sur un bâti mobile autour d'un axe horizontal, qui coïncide géométriquement avec l'axe de rotation de la machine; dès que cette dernière tourne en effectuant un travail extérieur, le bâti tend à s'incliner en sens inverse de la rotation ; on le ramène à la position d'équilibre en lui appliquant une force de moment connue.

Le moteur est donc lui-même son propre dynamomètre.

Quant à la quantité de chaleur, elle est mesurée par la méthode à *température constante :* autour du calorimètre proprement dit, fixé indépendamment du bâti oscillant, et dans l'eau duquel tournent des hélices de bateau, circule un courant d'eau froide dont on règle la vitesse de façon que l'eau calorimétrique ne s'échauffe pas. Le poids d'eau écoulée pendant un temps donné peut mesurer la chaleur dégagée pendant ce même temps.

Je me suis placé dans une des caves du laboratoire des recherches physiques de la Sorbonne, les conditions extérieures de température étant à peu près constantes dans ces conditions.

Avant d'effectuer les mesures définitives, j'avais d'ailleurs fait plusieurs séries d'expériences préalables, à l'aide d'un appareil que j'avais construit moi-même ; le moteur avait une force moindre que 17^{kgm}, construit par Trouvé.

Le calorimètre était à une seule enveloppe.

Dans ces conditions et malgré l'imperfection de cet appareil, j'avais trouvé le nombre 436, nombre trop fort; mais beaucoup de corrections ne pouvaient se faire avec cet appareil primitif: c'est ce qui m'a engagé à entreprendre les expériences qui font l'objet du présent Mémoire.

DÉTAILS DE L'APPAREIL.

L'appareil se compose essentiellement : d'un moteur, d'un calorimètre, d'un dynamomètre et d'organes accessoires servant aux liaisons et à la mesure de la vitesse du moteur.

Le *moteur* que j'ai employé était une machine Gramme ([1]), pesant 43^{kg}, d'une puissance d'un cheval-vapeur et tournant avec une vitesse de 1200 tours par minute. Elle était alimentée par le courant de 40 accumulateurs Pollak ; ce courant était amené par deux fils dans deux godets de mercure, où arrivaient les deux extrémités des fils de la machine, qui étaient placés dans un plan vertical passant par l'axe de l'appareil.

Le *calorimètre* est disposé suivant le prolongement de l'axe horizontal du moteur; il est établi de façon à satisfaire aux exigences de la calorimétrie de précision. Il se compose de quatre cylindres concentriques en cuivre : les deux extérieurs en laiton et les deux intérieurs en cuivre rouge.

Les longueurs et les diamètres respectifs de ces quatre cylindres sont, en commençant par celui de l'intérieur :

Cylindres.	Longueur en centimètres.	Diamètre en centimètres.
I	26,0	12,0
II	27,6	13,6
III	31,0	17,0
IV	36,0	22,0

([1]) Ce moteur a été obligeamment prêté par M. H. Fontaine.

M.   3

Fig. 1.

De plus, le cylindre extérieur est recouvert d'une enveloppe
en feutre d'un centimètre d'épaisseur, comme cela a lieu
dans le calorimètre Berthelot.

Le cylindre intérieur a (*fig.* 2), qui contient 2850^{gr} d'eau,
porte trois palettes longitudinales p, p, p, distantes d'un tiers
de circonférence, ayant une largeur de 15^{mm} et d'autres
palettes circulaires g de même largeur; les palettes longitudinales s'opposent aux mouvements circulaires du liquide

Fig. 2.

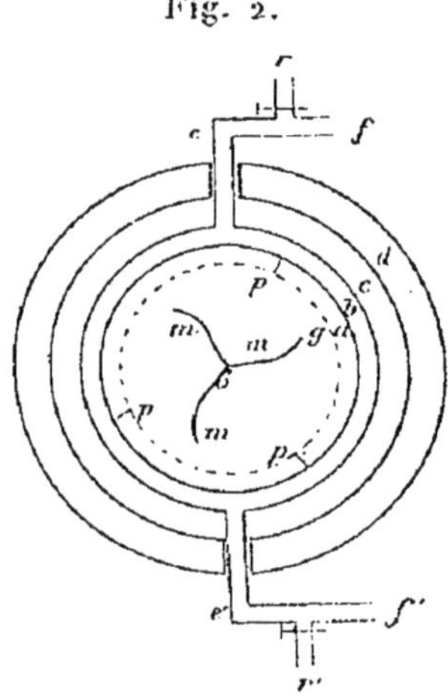

Section perpendiculaire à l'axe du calorimètre.

calorimétrique et les palettes circulaires aux mouvements
longitudinaux.

L'eau est versée dans ce cylindre a par un tube en laiton G (*fig.* 1), vissé dans un écrou en ébonite solidaire du
cylindre a.

Un courant d'eau arrive par le tube e' (*fig.* 1 et 2),
coudé à angle droit et muni d'un robinet r', dans l'espace
annulaire limité par les cylindres a et b, qui pouvaient con-
tenir 1200^{gr} d'eau; il sort par un tube semblable e à la partie
supérieure qui, à son tour, est munie du robinet r. Ces deux
tubes, portés par des écrous en ébonite, fixés sur le cylindre b, sont disposés aux extrémités d'un même diamètre.

L'espace annulaire, compris entre les cylindres b et c, est

plein d'air qui peut communiquer avec l'atmosphère extérieure par les discontinuités des deux cylindres extérieurs.
Enfin l'enceinte cd est remplie de l'eau (près de 10^{lit}) que
l'on versait par l'orifice I.

Les cylindres a, b, c sont isolés thermiquement les uns
des autres, par des pièces de jonction en ébonite.

Le *dynamomètre* se compose d'un levier en chêne ayant
125^{cm} de longueur, deux fois coudé à angle droit en C et
C' et reposant par deux couteaux en acier a, a' sur deux
blocs en pierre D, D, posés eux-mêmes sur une plaque en
marbre scellée dans le sol.

Le couteau a est solidaire du fléau WW, portant en y un
plateau de balance et à ses extrémités deux cylindres en
bois Z, Z, immergés dans des vases contenant une dissolu-
tion de glycérine, dans le but d'amortir les oscillations de
l'appareil. Le fléau WW est formé d'une règle en laiton divisée en millimètres dont le zéro coïncide avec l'arête du
couteau a. Le plateau y peut être déplacé sur le fléau et
fixé en tel point que l'on désire par une vis de serrage. Son
chariot est muni d'un trait à partir duquel on compte la
distance au couteau.

Le bras vertical C'C'' porte une masse de plomb u que
l'on peut élever ou abaisser verticalement et qu'une vis de
serrage maintient en place, lorsque le maximum de sensibilité est obtenu.

Le moteur est vissé sur le banc horizontal CC', de manière que son axe soit parallèle à ce banc et dirigé suivant
l'axe commun des deux couteaux aa'.

L'axe du moteur entraîne dans son mouvement de rotation un *interrupteur* X, composé de petits cylindres, l'un
en ébonite et l'autre en cuivre. Une feuille mince de cuivre
recouvre la moitié de la surface du cylindre en ébonite,
continuant par là la surface du cylindre en cuivre. Le cylindre et la feuille de cuivre communiquent aux bornes J, J'
par deux tiges de cuivre munies de balais.

L'axe de la machine se continue par un lien flexible c, reliant le moteur avec l'axe du calorimètre. Ce lien c est formé d'un fil de laiton d'un diamètre de 3^{mm}, autour duquel sont enroulés en boudin six fils d'un plus faible diamètre. Il a une longueur de 17^{cm} et a pour but de laisser à l'axe du moteur un jeu suffisant.

L'axe horizontal du calorimètre se compose d'une tige de cuivre de 8^{mm} de diamètre, isolée de la partie antérieure par une pièce en ébonite d'; il pénètre dans le calorimètre à travers une *boîte à étoupe* qui est représentée *fig.* 3.

Fig. 3.

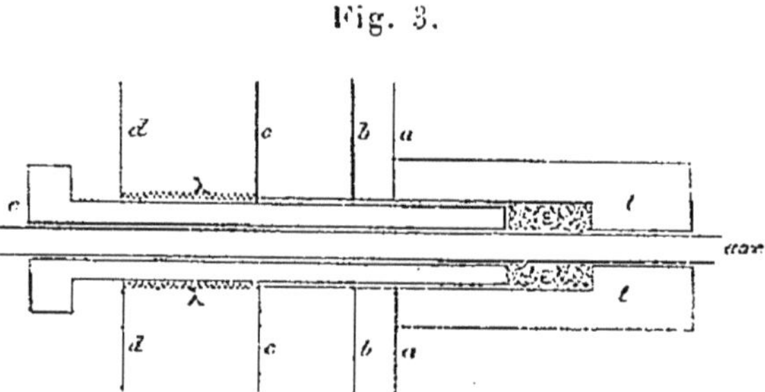

Elle se compose d'un cylindre en ébonite e, vissé dans l'écrou λ, qui sert pour presser l'étoupe ε contre le tourillon t en forme de boîte, fixé par son pourtour sur la paroi du cylindre a.

On remarquera que la boîte à étoupes et le point d'appui de l'autre extrémité de l'axe du calorimètre, c'est-à-dire les points où il y a frottement et, par suite, dégagement de chaleur, sont situés *à l'intérieur même du calorimètre* et, par conséquent, la chaleur ainsi dégagée, qui, dans les appareils déjà employés dans ces sortes de mesures, échappait à la mesure directe et nécessitait une mesure supplémentaire de correction, est ici communiquée à l'eau du calorimètre et par conséquent recueillie.

Onze systèmes de trois palettes en hélice sont distribués à égale distance le long de l'axe du calorimètre; elles vont se terminer très près de la paroi du cylindre a et, de plus, deux systèmes consécutifs d'hélices sont orientés de telle façon que, si l'un des systèmes rejette l'eau dans un sens, l'autre la rejettera dans le sens contraire.

Sur les faces du cylindre extérieur du calorimètre sont soudées, par leurs bras verticaux, deux pièces rectangulaires en laiton, permettant de faire reposer le calorimètre sur deux planches épaisses, supportées elles-mêmes par deux systèmes de bancs B, B, bien scellés sur la plaque horizontale de marbre.

Il est facile maintenant de comprendre la manipulation de l'appareil.

Il faut mesurer deux grandeurs, à savoir : le travail dépensé et la chaleur recueillie correspondante.

La *mesure du travail* est faite d'après une méthode dont le principe a été indiqué par M. Deprez (¹).

Imaginons qu'un moteur électrique soit actionné par un courant, l'induit tourne alors dans un certain sens, par exemple, dans le sens inverse du mouvement des aiguilles d'une montre ; on peut diminuer le mouvement et même l'arrêter complètement en saisissant, par exemple, son axe entre les mâchoires d'un frein de Prony. Si le moteur est suspendu de manière à permettre à l'inducteur de se déplacer, la réaction qu'exerce sur lui l'induit tendra à le faire tourner dans le sens du mouvement des aiguilles d'une montre et l'on pourra le ramener à sa position première en chargeant de poids le plateau d'un bras de levier qui lui est convenablement placé perpendiculairement au plan de symétrie vertical de la machine.

Si P' est le poids nécessaire pour le ramener à la position d'équilibre et l la longueur du bras de levier, le moment de la force qui fait équilibre à la réaction de l'induit est égal au produit $P'l$. En desserrant le frein, l'induit re-

---

(¹) *Association française pour l'avancement des Sciences*, 2ᵉ session, p. 235 ; 1882.

prendra un mouvement de rotation avec une vitesse d'autant plus grande que le frein résistera moins ; dès lors, l'inducteur, dont on avait déchargé les bras du levier, s'inclinera encore, mais d'un angle moindre que dans la première expérience.

Si P est le poids qu'il faut placer dans le plateau pour ramener l'inducteur à sa position première d'équilibre, le travail dépensé sur le frein est égal pour n tours de l'induit à

$$T = n\,2\pi l P.$$

Dans l'appareil que j'ai employé, c'est la résistance opposée par l'eau du calorimètre au mouvement des hélices qui jouait le rôle de frein. Sous cette action le balancier CC', qui porte le moteur électrique, s'incline autour de l'axe des couteaux a, a'. En mettant un poids P dans le plateau γ, on ramène le balancier dans sa première position d'équilibre.

Pour observer cette position d'équilibre, un miroir vertical est fixé au balancier et orienté de façon à réfléchir, suivant l'axe d'une lunette placée à $1^m,30$ environ, l'image d'une règle verticale divisée, et distante du miroir d'environ $0^m,80$.

Avant de mettre le moteur en marche, on observe quelle est la division de la règle qui coïncide avec le fil horizontal du micromètre de la lunette. Le moteur étant mis en marche, on dépose des poids dans le plateau γ jusqu'à ce que la même division de la règle revienne coïncider avec le fil du réticule.

De cette façon le poids P se trouve déterminé, sa valeur varie dans chaque expérience.

Pour pouvoir calculer le travail T, correspondant à une certaine durée pendant laquelle l'induit fait n tours, par la formule

$$T = n\,2\pi l P,$$

il faut encore connaître l et n.

La longueur du bras de levier l, est la distance comprise entre l'arête du couteau a jusqu'au centre de gravité du plateau, qui était marqué par un trait sur son chariot; alors on lit avec quelle division de la règle *ww* le trait coïncide et l'on trouve ainsi la valeur de l.

Reste à trouver le nombre de tours n de l'induit. A cet effet, les extrémités du fil de l'électro-aimant de l'enregistreur de Marey étaient reliées aux bornes J, J des balais de l'interrupteur X. Cet électro-aimant était excité chaque fois que la partie conductrice du cylindre d'ébonite venait toucher au balais relatif à la borne J'; au contraire, le courant cessait dans l'électro-aimant dès que l'ébonite venait au contact du balai; par suite, l'armature munie d'un stylet en contact avec la surface enfumée d'une feuille de papier enroulée sur le cylindre enregistreur traçait une encoche pour chaque tour de l'induit.

Il suffisait donc de compter le nombre des encoches inscrites pendant la durée de l'expérience pour obtenir le nombre n correspondant.

On possède alors toutes les données numériques nécessaires à l'évaluation du travail T.

Nous avons dit que le courant du moteur électrique provenait d'une série de quarante accumulateurs Pollak. Si, par hasard, l'intensité du courant diminuait, pour la maintenir constante, un rhéostat à mercure est intercalé dans le circuit.

Il n'était pas nécessaire, pour s'assurer de la constance du courant, d'employer un galvanomètre. En effet, l'appareil indiquait lui-même si le courant était constant, car, s'il venait à diminuer, la vitesse de rotation de l'induit diminuerait aussi et, par suite, le couple résistant, d'où devrait résulter un changement d'inclinaison du balancier; si donc on agit sur le rhéostat de façon à maintenir en coïncidence avec le fil du réticule de la lunette la même division de la règle, on est assuré que le courant excitateur du moteur conserve une intensité constante. Ce procédé fort simple est en même temps précis et sensible.

MESURE DE LA CHALEUR.

La quantité de chaleur dégagée dans le calorimètre, par suite du frottement, est mesurée par une méthode indiquée en principe par Hirn ([1]). Dans une des méthodes qu'il a employées pour la détermination de l'équivalent mécanique de la calorie, la chaleur est produite par le frottement de l'eau comprise dans l'espace limité par deux cylindres de même axe sur la surface interne du cylindre extérieur, l'eau étant mise en mouvement par le cylindre intérieur. Cette eau se renouvelait à chaque instant, à l'aide d'un filet, qui était réglé de manière que l'eau, à sa sortie, conserve toujours la même température. Dans la balance du frottement, la chaleur produite était enlevée de la même manière par un filet d'eau froide.

M. d'Arsonval ([2]) décrit, en 1877, à la Société de Biologie, une méthode pareille, et qu'il a employée depuis à l'étude de la variation de la chaleur dégagée par les êtres vivants avec le temps.

M. d'Arsonval appelle cette méthode *méthode calorimétrique à température constante*. Un courant d'eau froide circulait autour du calorimètre et lui enlevait à chaque instant la chaleur dégagée.

M. Heschus ([3]) a appliqué à la méthode des mélanges, pour la mesure des chaleurs spécifiques des corps, la méthode à température constante, et, de cette manière, la formule calorimétrique se trouve beaucoup simplifiée.

Plus récemment, M. Mathias ([4]) a renversé, en quel-

([1]) Hirn, *Théorie mécanique de la chaleur*, 3ᵉ édition, p. 90 et 93.

([2]) D'Arsonval, *Comptes rendus de la Société biologique de Paris*, 1877.

([3]) Heschus, *Journal de Physique*, 2ᵉ série, t. VII, p. 489.

([4]) Mathias, *Ibid.*, t. IX, p. 459.

que sorte, la méthode dans le but de mesurer la chaleur latente de vaporisation des gaz liquéfiés : il compense, à chaque instant, la chaleur absorbée par la vaporisation au moyen de la chaleur dégagée par la dilution de l'acide sulfurique concentré dans l'eau d'un calorimètre renfermant le récipient qui contient le gaz liquéfié, et de manière à maintenir constante la température de l'eau du calorimètre.

Dans les expériences que j'ai faites, j'ai employé cette méthode à température constante, qui est une méthode de zéro, de la manière suivante : Un courant d'eau entrant par le robinet r' et sortant par r, après avoir circulé dans l'espace annulaire compris entre les enceintes a et b pendant un temps égal à 30 secondes environ, était réglé de manière que la température du calorimètre restât parfaitement constante et qu'elle ne dépassât pas celle du milieu ambiant de plus de $2°$; dans de telles conditions les corrections de refroidissement étaient négligeables. La quantité d'eau écoulée était reçue dans un vase et pesée; d'autre part, la différence de la température de l'eau, à son entrée et à sa sortie, était mesurée au moyen d'un couple thermoélectrique dont les deux soudures étaient respectivement plongées dans les tubes f, f'.

Le courant d'eau est puisé dans un vase, d'une capacité d'environ 200 litres d'eau, et situé à $1^m,20$ de hauteur au-dessus du sol. Ce vase était situé dans le même endroit que l'appareil, par conséquent l'eau était maintenue à la température ambiante.

Un agitateur, composé d'un axe sur lequel sont fixées deux hélices, servait à remuer constamment l'eau du grand vase pendant l'expérience. Cet agitateur faisait un tour à chaque deux ou trois secondes, et il était mis en mouvement à l'aide d'un petit moteur Trouvé de 15 kilogrammètres de force, qui était alimenté par le courant de quelques accumulateurs.

Pour m'assurer que l'eau ne s'échauffait pas par cette agitation pendant l'expérience, je me suis servi toujours du couple thermo-électrique en mettant une des soudures dans le grand vase, tandis que l'autre soudure était maintenue à température constante dans un vase avec de la glace fondante ; le galvanomètre ne donnait aucune déviation appréciable pendant une durée supérieure même à celle d'une expérience.

Le *couple thermo-électrique* dont j'ai fait usage dans ces expériences était constitué par deux fils : l'un, de platine, avec un diamètre de $0^{mm},4$, et l'autre, en fer, de $0^{mm},6$ de diamètre. Ces deux fils étaient soudés par leurs extrémités sur le fond d'un petit vase cylindrique en cuivre, à parois très minces, de 8^{mm} de hauteur et 6^{mm} de diamètre. Deux tubes en verre concentrique donnaient passage aux deux fils pour qu'ils ne touchassent pas ailleurs qu'aux soudures ; le tube en verre de plus gros diamètre, rodé à l'émeri, s'engageait dans le petit vase en cuivre et le fermait hermétiquement. Les deux soudures du couple étaient disposées de la même manière. Le fil de fer était coupé en deux, permettant de cette manière d'intercaler le couple dans un circuit quelconque. Sa résistance totale ne dépassait pas deux ohms.

Il s'agit maintenant de graduer ce couple, c'est-à-dire de mesurer sa force électromotrice pour des différences de températures données. Dans ce but, je me suis servi de la méthode de mesure des forces électromotrices, due à Poggendorff, qui avait déjà servi à M. Berget (¹) pour la graduation d'une pince thermo-électrique lui servant à la mesure des différences de température.

Pour la mesure des températures pendant la graduation, je me suis servi d'un thermomètre-étalon Tonnelot n° 4822 en verre dur, que j'avais étudié dans ce but au

---

(¹) BERGET, *Journal de Physique*, 2ᵉ série, t. VII, p. 503.

Bureau international des Poids et Mesures, sous la direction de M Guillaume.

La *fig.* 4 montre le dispositif que j'ai employé.

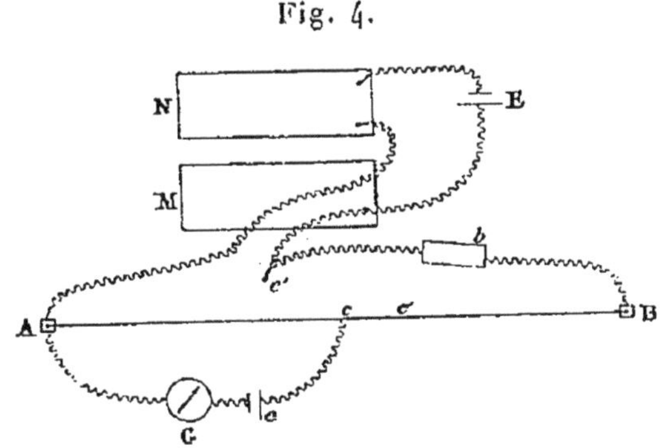

Fig. 4.

Le couple thermoélectrique, intercalé en e et en G, est un galvanomètre apériodique de M. d'Arsonval à petite résistance. AB est le fil d'un pont de Carpentier en laiton, et C le curseur qui peut glisser le long du fil AB; b est une boîte de résistance et e' une force électromotrice connue, prise sur le circuit d'une pile Daniell d'une force électromotrice E et se trouvant en opposition avec e. L'élément Daniell est un des plus constants en circuit fermé. Il était construit avec soin. Le zinc fut amalgamé, le cuivre recouvert électrolytiquement d'une couche de cuivre pur; le sulfate de zinc et le sulfate de cuivre étaient purs. Pour prendre les dix-millièmes un par un sans changer la résistance de 10 000 ohms sur laquelle l'élément Daniell était fermé, j'ai fait usage d'une méthode imaginée par M. Bouty [1], qui consiste en ceci : interposer deux boîtes de résistances M et N identiques entre elles et de 10 000 ohms chacune dans le circuit de l'élément Daniell E. Deux fils de dérivation sont attachés aux extrémités de l'une des boîtes M, par exemple. Au commencement d'une expérience, toutes les

---

[1] BOUTY, *Annales de Chimie et de Physique*, 6ᵉ série, t. III.

clefs de la boîte M sont fermées, tandis que celles de la boîte N sont ouvertes. Dans ce cas, la résistance sur laquelle la pile E est fermée est de 10 000 ohms, et la force électromotrice comprise entre les points de dérivation est nulle. Supposons que l'on transporte des clefs de la boîte M sur la boîte N, qui correspondent à n ohms, la résistance extérieure à la pile E restera toujours constante et égale à 10 000 ohms; mais la force électromotrice e', comprise entre les points de dérivation, sera $\dfrac{n}{10\,000}$ de la valeur de E.

De cette manière, pour mesurer la force électromotrice e, qui correspond à une différence de température connue entre les soudures du couple, on lui oppose la force électromotrice e', qui peut être variée à l'aide des clefs de boîte M, jusqu'à ce que le galvanomètre G est amené au zéro. On se sert en même temps de la boîte à résistance b et du curseur c.

Soit n la longueur AC mesurée sur la règle divisée du pont qui correspond à la position d'équilibre du galvanomètre, R la résistance du circuit AMbB, et l la longueur totale du fil AB, dont la résistance totale sera $l\rho$; si l'on désigne par ρ la résistance de son unité de longueur, nous aurons pour cette position d'équilibre

$$(1) \qquad \frac{e}{e'} = \frac{n\rho}{R + l\rho}.$$

Si l'on change la résistance en b, et en cherchant de nouveau la position d'équilibre à l'aide du curseur C, alors R se changera en R$'$ et n en n'; nous aurons pour cette autre position d'équilibre, si e et e' n'ont pas changé,

$$(2) \qquad \frac{e}{e'} = \frac{n'\rho}{R' + l\rho}.$$

Des équations (1) et (2) résulte

$$\frac{e}{e'} = \frac{(n'-n)\rho}{R'-R}, \qquad \text{d'où} \qquad e = e'\frac{(n'-n)\rho}{R'-R}.$$

La résistance du fil AB a été mesurée d'avance et nous
avons trouvé

$$l\rho = 0^{\omega},1046;$$

donc

$$\rho = \frac{0,1046}{l} = 0,0001046,$$

car la longueur du fil AB était de 1^{m}.

Pour trouver la force électromotrice e', il faut connaître E. A cet effet, on comparait E avec un élément Gouy
dont la force électromotrice est reliée à la température
par la formule :

$$E0 = 1^{v},390 - 0,0002 \, (0 - 12).$$

Dans ces mesures, l'une des soudures du couple thermo-
électrique était plongée dans de l'eau contenue dans un
vase à double paroi, maintenue à température constante
par une circulation d'eau dans l'espace annulaire ; la température de l'autre soudure était indiquée par le thermomètre-étalon placé avec elle dans un vase d'une capacité
de dix litres environ.

Le Tableau suivant indique la force électromotrice e,
qui correspond à la différence de température des soudures rapportées au thermomètre à air :

TABLEAU III.

Température des soudures.		Force électromotrice en volts.	Température des soudures.		Force électromotrice en volts.
0	100	$170,932.10^{-5}$	8,349	15,142	$11,912.10^{-5}$
0	5,365	$9,428.10^{-5}$	8,351	14,446	$10,709.10^{-5}$
0	6,687	$11,672.10^{-5}$	10,885	26,986	$27,983.10^{-5}$
0	7,654	$13,371.10^{-5}$	10,889	24,826	$24,267.10^{-5}$
0	11,283	$19,756.10^{-5}$	10,891	23,140	$21,374.10^{-5}$
0	11,745	$20,471.10^{-5}$			

Il est à remarquer que j'avais uniquement besoin, dans
mes expériences sur la détermination de J, de connaître
la force électromotrice e, relative à des températures com-

prises entre $10°$ et $13°$. Dans ces conditions, si nous désignons par θ' une différence quelconque de température comprise entre ces deux limites et par e la force électromotrice correspondante, nous aurons par le quotient

$$\frac{e}{\theta'}$$

la force électromotrice qui correspond à une différence de température de $1°$, dont on prend la moyenne de plusieurs expériences,

$$\varepsilon = \frac{1}{n} \sum \frac{e}{\theta'},$$

et cela parce que la courbe, construite d'après les observations faites pour un si petit intervalle de température, est une ligne droite.

Le Tableau suivant nous indique la différence de température des deux soudures, et la force électromotrice correspondante :

TABLEAU IV.

Température des soudures		Différence de température	Force électromotrice correspondante	Force électromotrice corresp. à $1°$
t_0.	t_1.	θ'.	e.	$\dfrac{e}{\theta'}$.
$10,585$	$12,914$	$2,329$	$4,095.10^{-5}$	$1,758.10^{-5}$
$10,507$	$13,370$	$2,863$	$5,035.10^{-5}$	$1,759.10^{-5}$
$10,507$	$13,516$	$3,009$	$5,299.10^{-5}$	$1,761.10^{-5}$
$10,502$	$13,470$	$2,968$	$5,224.10^{-5}$	$1,760.10^{-5}$
$11,435$	$12,892$	$1,457$	$2,572.10^{-5}$	$1,765.10^{-5}$
$11,435$	$13,028$	$1,593$	$2,799.10^{-5}$	$1,757.10^{-5}$
$11,439$	$13,378$	$1,939$	$3,416.10^{-5}$	$1,762.10^{-5}$
$9,209$	$11,292$	$2,083$	$3,672.10^{-5}$	$1,762.10^{-5}$
$9,210$	$11,312$	$2,102$	$3,696.10^{-5}$	$1,758.10^{-5}$
$9,340$	$11,479$	$2,139$	$3,763.10^{-5}$	$1,759.10^{-5}$
$9,342$	$11,512$	$2,170$	$3,819.10^{-5}$	$1,760.10^{-5}$
$9,342$	$11,531$	$2,189$	$3,850.10^{-5}$	$1,759.10^{-5}$
$10,669$	$12,998$	$2,329$	$4,101.10^{-5}$	$1,761.10^{-5}$
$10,670$	$13,018$	$2,348$	$4,130.10^{-5}$	$1,759.10^{-5}$
$10,670$	$13,023$	$2,353$	$4,141.10^{-5}$	$1,760.10^{-5}$

Si nous prenons la moyenne de $\frac{e}{\theta'}$, nous trouvons pour la force électromotrice moyenne correspondant à $1°$ rapporté au thermomètre à air, car je corrigeais les températures indiquées par le thermomètre-étalon, de façon à les faire coïncider avec les indications du thermomètre à air, au moyen du Tableau de corrections établi par le Bureau international des Poids et Mesures pour les thermomètres-étalons en verre dur, la valeur

$$\varepsilon = 1,760 . 10^{-5}.$$

Si maintenant, dans une expérience, on trouve que le couple thermo-électrique développe une force électromotrice quelconque e, on en déduira la différence de température des deux soudures par la formule

$$\theta = \frac{e}{\varepsilon}.$$

MARCHE D'UNE EXPÉRIENCE.

Le calorimètre a étant rempli d'eau, le moteur était mis en marche et le balancier amené dans sa position d'équilibre en mettant d'abord des poids convenables sur le plateau y, puis en agissant convenablement sur le rhéostat; l'eau du calorimètre s'échauffait alors, et le courant d'eau froide était établi par $r'e'ber$, les soudures du couple thermoélectrique étant à leur place respectivement f et f' et intercalées dans le même appareil qui nous a servi à leur graduation (*fig.* 4).

Dès que le débit est réglé de façon que le galvanomètre reste au zéro, on est assuré que *le régime permanent est atteint;* alors on commence à recueillir l'eau qui s'écoule et on laisse l'expérience se continuer pendant une durée qui varie entre 4 et 11 minutes, et qui dépend de la fixité du régime permanent, dont on peut juger d'une part par la constance du galvanomètre, et d'autre part par la division de la règle graduée qui doit rester en coïncidence avec le fil du réticule de la lunette.

Au moment même où l'on commence à recueillir l'eau, on ferme le circuit du compteur de tours, de manière que ceux-ci s'enregistrent sur le papier enfumé du cylindre.

On arrête le compteur de tours au moment même où l'on met fin à l'expérience, c'est-à-dire où l'on cesse de recueillir l'eau réfrigérante.

On calcule la force électromotrice e du couple thermo-électrique d'après la formule

$$e = e' \frac{(n'-n)\wp}{R'-R},$$

qui correspond à l'expérience, et l'on en déduit la différence de température du filet d'eau à l'entrée et à la sortie du calorimètre, par la formule

$$\theta = \frac{e}{\varepsilon}.$$

D'autre part, on pèse l'eau recueillie p, et par la formule

$$Q = p\,\theta\,c$$

on déduit la quantité de chaleur dégagée.

On lit les poids marqués déposés sur le plateau y; on connaît, d'autre part, la longueur l du bras de levier, et, si nous désignons par n le nombre total des tours comptés sur le cylindre enregistreur, nous avons le travail transformé par la formule

$$T = n.2\pi l P.$$

Connaissant la quantité de chaleur dégagée et le travail dépensé, l'équivalent mécanique de la calorie est donné par le quotient

$$J = \frac{T}{Q} = \frac{2\pi l n P}{p\,\theta\,c}.$$

M.   5

Le Tableau suivant montre les nombres relatifs à l'expérience I du Tableau VI.

TABLEAU V. — Expérience I.

Travail.

$$T = 2\pi \, ln\, P,$$
$$l = 0^{m},280,$$
$$P = 0^{kg},51482,$$
$$n = 10797.$$

Donc
$$T = 2.3,1416.0,280.10797.0,51482,$$
$$T = 9779,088^{kgm},$$

Chaleur.

$$Q = pc\,0 = pc\, \frac{e'(n'-n)\rho}{\varepsilon(R'-R)},$$
$$n'-n = 276,8 \text{ divisions},$$
$$\rho = 0^{\omega},0001046,$$
$$\rho(n'-n) = 0^{\omega},02895,$$
$$e' = \frac{9900}{10000}\, 1^{v},069 = 1^{v},0583,$$
$$R'-R = 1000^{\omega},$$
$$\varepsilon = 1,760.10^{-5} \text{ de volt},$$
$$p = 13^{kg},1691,$$
$$c = 1,$$
$$Q = \frac{13,1691.1.1,0583.0,02895}{1,760.10^{-5}.1000},$$
$$Q = 22^{kg-cal},9274.$$

$$J = \frac{T}{Q} = \frac{9779,088}{22,9274} = 426,51.$$

Le filet d'eau réfrigérant était de l'eau distillée, et j'ai admis que, entre 10° et 13°, sa chaleur spécifique est égale à l'unité.

Dans le Tableau suivant, la colonne intitulée :

Durée donne la durée d'une expérience en minutes et secondes.

n, le nombre total des tours de l'axe du calorimètre.

P, le poids en kilogrammes qu'il faut mettre dans le plateau de balance, pour ramener le bâti mobile dans la position d'équilibre.

T, la valeur du travail en kilogrammètres.

La longueur du bras de levier l qui n'est pas inscrite dans ce Tableau a été dans toutes les expériences la même.

$l = 0^m,280$.

θ, l'élévation de température du filet d'eau après avoir circulé autour du calorimètre. Il est à remarquer qu'une goutte d'eau qui entrait par le robinet r' mettait en moyenne 40 secondes pour sortir par r.

Eau, la quantité d'eau écoulée.

Q, le nombre des kilogrammes-calories de chaque expérience.

J, la dernière colonne, donne la valeur de l'équivalent mécanique de la calorie en kilogrammètres, à Paris, rapportée au thermomètre à air, et considérant que la chaleur spécifique de l'eau est l'unité entre 10° et 13° centigrade.

TABLEAU VI.

Numéro de l'expérience.	Travail				Chaleur			
	Durée.	n.	P.	T.	θ.	Eau.	Q.	J.
	m s		kg	kgm	o	kg	kg-cal	
1	8.54	10797	0,51482	9779,088	1,741	13,1691	22,9274	426,51
2	11.33	14578	0,53488	13718,130	1,949	16,4947	32,1483	426,71
3	6.40	8413	0,53511	7920,157	1,511	12,2870	18,5657	426,60
4	4.11	5439	0,55137	5275,964	1,478	8,3649	12,3634	426,74
5	4.37	5427	0,50067	4780,261	1,323	8,4594	11,1918	427,12
6	7.43	10154	0,56058	10014,164	1,783	13,1607	23,4655	426,76
7	9. 8	11367	0,53020	10602,914	1,377	18,0514	24,8568	426,56
8	5.56	7447	0,53441	7001,574	1,776	9,2369	16,4048	426,79
9	5.28	6741	0,52301	6202,394	1,681	8,6517	14,5436	426,52
10	7.12	10247	0,61221	11036,464	2,018	12,8172	25,8651	426,69
11	6.37	9274	0,59706	9741,410	1,785	12,7807	22,8136	427,00
12	5.30	7368	0,59608	7726,821	1,749	10,3462	18,0955	427,02
13	7.54	11012	0,59390	11505,822	1,825	14,7747	26,9640	426,71
14	5. 6	7170	0,59891	7554,434	1,948	9,0948	17,7167	426,40
15	4.24	6326	0,60541	6737,496	1,895	8,3306	15,7864	426,80
16	4.21	5910	0,57020	5928,633	1,586	8,7686	13,9070	426,31
17	4.15	5793	0,57521	5862,223	1,464	9,3951	13,7544	426,21
18	4.17	5794	0,57620	5873,428	1,777	7,7529	13,7770	426,33
19	5.24	7479	0,60021	7897,311	1,548	11,9448	18,4911	427,09
20	4.21	6184	0,60558	6588,432	1,783	8,6626	15,4455	426,56
21	4. 8	5748	0,59188	5985,392	1,730	8,1047	14,0211	426,88
22	4. 2	5591	0,60021	5903,715	1,543	8,9672	13,8360	426,71

Numéro de l'expé-rience.	Travail				Chaleur			
	Durée.	n.	P.	T.	θ.	Eau.	Q.	J.
	m s	kg		kgm	°	kg	kg-cal	
23	5.40	7832	0,58874	8113,817	1,764	10,7895	19,0326	426,31
24	4.55	6712	0,58152	6866,827	1,581	10,1904	16,1109	426,22
25	4.45	6642	0,59543	6957,760	1,812	8,9961	16,3011	426,82
26	5.38	7683	0,58142	7858,934	1,786	10,3075	18,4092	426,90
27	5. 5	7188	0,60251	7619,247	1,732	10,2926	17,8265	426,41
28	3.38	5152	0,60408	5475,341	1,583	8,1016	12,8248	426,93
29	3.44	4260	0,48601	3642,375	1,257	6,7905	8,5357	426,72
30	3.90	4180	0,55322	4068,314	1,792	5,3218	9,5362	426,63
31	5.16	7111	0,57521	7196,118	1,778	9,4825	16,8601	426,81

La moyenne générale de toutes les expériences du Tableau précédent est

$$J = 426,7 \text{ en kilogrammètres,}$$

et de

$$4,1857 . 10^7 \text{ dans le système C.G.S.,}$$

admettant pour Paris

$$g = 980,96.$$

Le Comité international des Poids et Mesures a adopté, comme échelle thermométrique *normale*, l'échelle centigrade du *thermomètre à hydrogène*; alors, en faisant les corrections nécessaires pour réduire la valeur de J à cette échelle, on trouve

$$J = 426,84.$$

Les écarts donnés par divers expérimentateurs, entre l'échelle absolue et l'échelle normale, sont tellement petites qu'on ne peut pas même leur déduire le signe entre 0° et 100°; par conséquent, cette dernière valeur de J peut être considérée comme réduite à l'échelle absolue.

CONCLUSIONS.

Dans le Travail que je viens d'exposer, j'ai donc pu perfectionner la méthode de Joule en mesurant *directement* le travail dépensé et la chaleur produite, les deux mesures étant faites par une méthode de zéro.

De plus, en prenant un moteur d'une puissance relativement considérable (un cheval-vapeur), j'ai augmenté la quantité de chaleur produite pendant l'unité de temps, ce qui m'a permis de réduire à un temps plus court la durée de l'expérience.

J'ai obtenu ainsi, pour l'équivalent mécanique de la calorie, le nombre

$$J = 426,70,$$

dans lequel je crois le chiffre des unités *exact*, le chiffre des dixièmes $0,7$ étant probable.

Ce travail a été effectué au laboratoire des Recherches physiques à la Sorbonne. Je désire, en terminant cet exposé, adresser à M. le professeur Lippmann toute ma reconnaissance pour l'accueil sympathique que j'ai reçu dans son laboratoire, pour les conseils si utiles qu'il m'a donnés pendant le cours de ces expériences, et pour l'intérêt qu'il m'a constamment témoigné.

Je suis heureux aussi de témoigner à M. Manœuvrier, sous-directeur du laboratoire, ma profonde gratitude pour l'intérêt qu'il a bien voulu me porter pendant mon séjour au laboratoire; et à M. Berget attaché au laboratoire ma respectueuse reconnaissance.

Vu et approuvé :

Paris, le 28 juillet 1891.

LE DOYEN DE LA FACULTÉ DES SCIENCES,

G. DARBOUX.

Vu et permis d'imprimer :

Paris, le 26 juillet 1891.

LE VICE-RECTEUR DE L'ACADÉMIE DE PARIS,

GRÉARD.

SECONDE THÈSE.

PROPOSITIONS DONNÉES PAR LA FACULTÉ.

Les alcools polyatomiques.

Vu et approuvé :

Paris, le 28 juillet 1891.

Le Doyen de la Faculté des Sciences,

G. DARBOUX.

Vu et permis d'imprimer :

Paris, le 28 juillet 1891.

Le Vice-Recteur de l'Académie de Paris,

GRÉARD.

17672   Paris. — Imprimerie Gauthier-Villars et fils, quai des Grands-Augustins, 55.

www.ingramcontent.com/pod-product-compliance
Ingram Content Group UK Ltd.
Pitfield, Milton Keynes, MK11 3LW, UK
UKHW021137140726
13695UKWH00004B/1898